바람이 해독한 세상의 연대기

시산맥 기획시선 071

바람이 해독한 세상의 연대기
시산맥 기획시선 071

━━━━━━━━━

초판 1쇄 발행 | 2021년 04월 26일

지 은 이 | 허정분
펴 낸 이 | 문정영
펴 낸 곳 | 시산맥사
편집주간 | 김필영
편집위원 | 오현정 강수 정선
등록번호 | 제300-2013-12호
등록일자 | 2009년 4월 15일
주   소 | 03131 서울특별시 종로구 율곡로 6길 36,
         월드오피스텔 1102호
전   화 | 02-764-8722, 010-8894-8722
전자우편 | poemmtss@hanmail.net
시산맥카페 | http://cafe.daum.net/poemmtss

ISBN 979-11-6243-185-6 03810

값 10,000원

* 이 책은 전부 또는 일부 내용을 재사용하려면 반드시 저작권자와 시산맥 사의 동의를 받아야 합니다.
* 이 책은 교보문고와 연계하여 전자북으로 발간되었습니다.
* 본문 페이지에서 한 연이 첫 번째 행에서 시작될 때에는 〈 표기를 합니다.
* 저자의 의도에 따라 작품의 보조 동사와 합성 명사는 띄어쓰기가 달라질 수 있습니다.

바람이 해독한 세상의 연대기

허정분 시집

■ 시인의 말

　애당초 사는 일이 만만치 않은 태생이었다. 살아가는 일도 버거운데 필연적으로 동행한 모든 인연의 무게에 늘 바빴고 힘겨웠다. 오늘까지 버텨온 세월이 기적 같다. '일중독자'란 자타 인정하는 호칭에 중독되어 이제는 일을 안 하면 온몸이 아프다. 또 일을 해도 아프다. 한생을 평화가 아니라 긴장이라는 끈으로 묶고 살아왔다는 흔적이다.

　그런 와중에 시를 쓰는 일은 귀한 호사였고 내 마음의 행락이었다. 앞뒤가 오래된 이웃이고 산하가 오십 년 지기 벗이다. 그 정겨운 벗늘이 인간이 파괴하는 문명의 발달로 자꾸 변하고 있다. 안타깝다. 소소한 것에 아파하고 연연하는 마음조차 수습하지 못할 때가 많다. 사는 일이란 평생 예측불허의 시간표다. 다시 쓰기가 없는 생애에서 가장 큰 슬픔이 가족을 잃는 아픔이다.

　86개월을 지구별로 소풍 왔던 어린 손녀가 할미보다 앞서 하늘의 아기별이 되었다. 맞벌이 부모 대신 할미가 돌보던 손녀의 부재, 그 슬픔을 나누고 견디느라 아기가

그린 그림과 함께 2019년 『아기별과 할미꽃』(학이사)을 펴냈다. 무슨 정신이 있었을까

  이번 시집은 진즉에 세상 밖으로 내보내고 싶었다. 이런저런 일들과 겹쳐 컴퓨터에서 잠자고 있던 시를 꺼냈고 문득 부족한 시편이라도 농막이 되었든 초가가 되었든 집 한 채는 지어줘야겠다는 생각이 들었다. 정리하다 보니 케케묵은 된장냄새가 심하다. 진부한 신세타령처럼 이렇게 태어난 시를 어쩌나? 고민이 심하지만 이제라도 숨결을 불어넣어 다행이라고 생각한다.

  함께 지역글밭을 꾸려가는 너른고을 문우들이 있어서 힘을 얻는다. 또 평생 삶을 부딪치는 한마을 인연들이 있어서 고맙다.

  가족, 이란 울타리가 나를 지켜주었고 든든한 시의 배경이 되었고 희로애락의 원천이었다. 이 부족한 시를 끌어내준 시산맥에 감사드린다. 또한 해설을 허락해 주시고 명성을 얹어주신 정우영 시인께도 감사드린다.

2021년 3월 허정분

■ 차례

1부

김 여사의 비결 _ 019
꽃 피는 항아리 _ 020
오랑캐 꽃 _ 021
교회 믿으세요 _ 022
처방전 _ 024
옆집 형님 _ 026
항아리 족보 _ 028
甲과 乙 _ 030
치매 _ 032
두꺼비 손 _ 034
영정 앞에서 _ 036
도축장 광경 _ 038
꽃으로도 때리지 말라 _ 040
동백꽃 공원 _ 042
무명시인 _ 044
내 귀에 이명이 오셨다 _ 046

2부

혼백을 모시다 _ 051
포만감에 잠들다 _ 052
무 밭에서 _ 054
시시한 배반 _ 055
호두나무의 생리학 _ 056
언니 1 _ 058
언니 2 _ 060
시인의 집 _ 062
제주에서 _ 064
길냥이 아나, _ 066
등신불 연대기 _ 068
농부일기 _ 070
나무神 아버지 _ 072
옥수수 하모니카 _ 074
코로나 시대의 격문 _ 075

3부

그 노년의 봄날 _ 079

다국적 코리안 드림 _ 080

3번국도 _ 082

밥값의 공포 _ 084

마지막 인사 _ 086

천만이라고 하는 _ 088

상수네 이사 오다 _ 090

귀뚜라미 _ 092

집 한 채가 사라졌다 _ 093

어머니의 점성술 _ 094

노거수의 경고문 _ 096

나 홀로 춤을 _ 098

사금파리 _ 099

이층의 역사 _ 100

끝물 _ 102

어느 장례식 _ 104

4부

눈물의 형이하학 _ 109
갈대 _ 110
아기별 꿈 _ 112
사진 _ 114
어린이날 _ 115
산밤 _ 116
춤추는 이별가 _ 117
그 소년의 사회 _ 118
나나니 벌 _ 120
막걸리 _ 121
바람 _ 122
나도 망나니가 되어 _ 123
흰 나리꽃 _ 124
폐농 _ 126
염천 _ 128

■ 해설 | 정우영(시인) _ 131

1부

김 여사의 비결

느티나무 그늘 정거장에서
버스를 기다리는 사이
재작년 칠순 잔칫상 받은 지영 할머니
내 눈총 아랑곳없이 연지 바른다
바글거리는 숯 검댕 파마머리
상사 계급장 단 이마, 하얗게 뒤집어쓴
분가루 비듬처럼 나풀거려
오만상 몰래 차린 나를 비웃는 빨간 연지,
슬며시 외면해도 부러움으로 번지는 망상
빨간 입술을 훔치고 통통한 젖가슴을 훔치고
퍼내도 퍼내도 마르지 않는 우물 속 재산도 훔쳐서
면벽에 기댄 우리 부부
오늘 밤 한상 잘 차린 대례상 놓고
맞절하고 싶다는 꿈같은 생각 민망해라
얼굴 붉히는데
읍내 복지회관 탱고 춤추러 간다는 지영 할머니
탱글탱글 그 꼬리에 홀려
육백 살 연세 드신 노거수 느티나무
하루도 거르지 않고 바람피우는 대로_大路_

꽃 피는 항아리

석 달 열흘 볕 바라기한 항아리에서
곰팡이 꽃이 피었다

잎도 뿌리도 없이
조선 토종 쓰디쓴 인내로 피워낸
꽃이라고 부르기 민망한 꽃이 피었다

못생긴 메주덩어리란 모욕을
기어이 문드러진 속내로 드러내는
검붉은 빛이 감도는 간장 항아리

한 해 장이 달구나
짜디짠 소금물을 달다고 한 어머니는
어디서 애간장을 졸이고 계실까

흰 소금 꽃 거둬내고 가마솥 가득 불을 지핀다
온 집 안에 넘쳐나는 간장 냄새
항아리에 가두고 밀봉한다

간장과 된장의 염장은
이렇게 펄펄 끓인 사모의 힘이다

오랑캐 꽃[*]

바람벽 묵은 거미줄에 걸린 햇살이
빠져나가려고 안간힘이다

마루 끝에 마른 낙엽 한 장 팔랑거리며
적막을 거느린 찢어진 문풍지 사이
성긴 기억의 신음을 끌고 나온 할매
굽은 등에서 미동도 없는 봄볕이
그림자놀이를 하는 집

죽은 할아비 십여 년 머슴 새경으로
장만한 산비탈 가파른 땅 바라보며
짓무른 눈매를 훔치는 삼월 삼짇날

감자밭 매던 호미 던지고
봄바람 따라간 과부 며느리
종내 무소식이 희소식이라고
댓돌 아래 오랑캐꽃 몇 포기 자글자글
햇볕에 끓고 있는 외딴집

* 제비꽃의 다른 이름

교회 믿으세요

농부 발걸음마다 쑥쑥 큰다는 밭작물들이
단비라도 내려야 환호하련만 뜨거운 볕
더 내리쬐기 전에 호미든 텃밭 곁에
꽃 같은 젊은 처자 두 명이 찾아와서
어느 종교를 믿느냐고 묻는다
나만 믿는다고 손사래 치는 내 눈앞에
ㅇㅇㅇ교회 전단지를 내밀어
문맹이라 한글도 못 읽는다고 시치미 떼자
교회를 믿어야 죽어서 영혼이 천국에 간다고
하나님 믿기만 하면 농사일 안 하는
행복한 노후가 당장 올 것이라고
나불나불 달콤하게 설교하는 처자들에게
내 귀에 먹통인 그 좋은 말씀 그만두고
이 시간에 돈 벌지 그런 사이비 종교를 믿느냐고
되받아 몇 마디 했더니 죽어서 천국 가면
어머니아버지와 함께 산다며
먼 옛날 폐기한 효심까지 들먹이는데
나 어릴 적 허구한 날 밥 굶긴 병든 아버지
또 만나야 병원비 낼 돈 없으니

죽어서 또 만난다면 차라리 무간지옥이 낫겠다고
하자
　아이고, 엄마 시원한 물이나 한잔 달라는
　어여쁜 애송이 전도사 하나님 아멘!

처방전

당신을 살리는 건 이 작은 알약이라고
처방전 내미는 의사에게 오래 살고 싶다는 말
차마 하지 못 했어 내 죽음이 심장 가까이
숨어 있다는 진단은 허무맹랑했지만 가만히
맥을 짚으면 벌떡벌떡 숨 가쁜 피톨들이
하루도 쉬지 않고 달리기 시합을 했지
언제나 스릴과 긴장을 동반하던 그의 병명은
분노조절 장애라는데 한솥밥 먹으며 전이된
그 증세와 합병증까지 진단하지 못한 처방전

시간을 급료로 받는 그녀가 힘들다는 푸념을
주절주절 전해 올 때 좌절과 희망에 대해
친절한 변명을 하지 못 했어
그녀가 믿는 신은 최면을 건 소주 몇 병이었지만
쌍둥이 별자리 운세를 적은 부적은 효험이 없었어

유통기한이 지난 약발 새 처방전을 써야 했어
산다는 건 달마의 웃음도 아니고 부처의 자비도 아닌
달콤한 늪으로 유인하는

달마돔* 정 몇 알 먹는 것이라고
밤을 잊은 그녀에게 보냈으나 끝끝내 답이 없었어
그녀는

* 수면유도제

옆집 형님

십 년 연상의 이웃집 육촌형님
오늘도 마실 오셨다
코앞이 집이고 텃밭이라
수십 년을 함께 늙는 우리 사이에도
시댁으로 통하는 집안 내력을 홍보는 재미도 있고
울타리 콩 한 바가지 나누는 인정도 있지만
나는 시형님이란 연줄에 가끔 빗장을 거는
내 심중도 모르고 늘 태평장세인 형님은
손윗동서한테 시집살이한 과거사며
찢어지게 가난한 살림살이 일군 이야기
수십 번 들어 귀에 딱지 앉은 그 이야기 말고는
세상사 인생사 뜬구름 같이 흘러듣는 편안한 여생
부럽다가도 너무 재미없어라 펼치는 내 삶의 편린들
새파란 새댁이 지아비와의 갈등 견딜 수 없어
이혼할 결심으로 한여름에 아이 업고 나섰던 떡 장사에
 입은 얼어붙고 고무다라 떡은 쉬고
 불볕에 덴 아이는 설사병 찍찍 싸는데
 서로 갈라서는 일도 그리 쉽지는 않아서

오늘까지 등골로 져 나른 세월을
그냥저냥 살아왔다는 내 이야기에
자네라서 그러고 살았지 나 같으면 벌써 갈라섰네
한마디로 해결하는 명쾌한 해답 못 쓰고
파뿌리 한평생을 오답만 쓰다가 허비한
파뿌리처럼 주름진 내손잡는 옆집 형님

항아리 족보

마당 두 곳에 장독대를 만들었다

한곳에 거느리기엔 독이 넘쳐나서
쓰임새에 따라 분리된 항아리들이
정실과 소실의 집처럼 거리를 두고 있다

오래전에 지은 정실 댁 그늘에는
허우대 크고 못생긴 항아리에
한 가문의 뼈대를 잇느라 버리지 못한
허접한 고물들이나 담아두는 독 가득하다

소실댁이 차지한 양지 별채의 서자녀들은
간장 된장 고추장 이름표 달고
올망졸망 주인의 입맛을 길들이는데

독이란 때론 하늘도 들여놓고 맑은 물도 채우는
쨍하고 해 뜨는 날 품어보지만
빗살무늬마다 푸른 이끼 가득채운 毒을 품고
〈

텅 빈 공명만 울리는 항아리들이
치명적인 그리움을 풀어놓는 아 옛날이여

甲과 乙

장맛비 주춤한 아침 이웃집 샛길에서
무료함을 찢는 싸움판이 터졌다
슬레이트 지붕 아래 나란히 어깨동무한
다가구 단칸방에서 나온 초로의 남자와
스타렉스 타고 온 젊은 집주인이 한판 붙은 싸움,
이 개새끼야, 말린 방세 안 받아도 좋으니 당장 방
빼!
너 오늘 안 나가면 내 손에 뒈질 줄 알아!
甲이 육두문자 펀치를 날리며
진흙바닥으로 끌어내는 혈기 방자한 완력
야! 젊은 놈이 집 쥔이라고 눈에 보이는 것도 없냐?
왜 끌어내고 지랄이야!
일합도 끝나기 전에 땅바닥에 고꾸라진
乙이 꺼억, 꺼억, 울 때
이 새끼야 당장 이 집에서 꺼져 방세도 못 내는 놈이
술병 보니 술 처먹을 돈은 있나 보네
집을 부숴버려야지,
고래고래 소리치며 제집 문짝을 전리품처럼 부수는
甲,

고래도 저리 난폭하게 집을 부술까
내리는 비에 젖어 새우처럼 등 굽힌 乙,
그 사이 오도 가도 못하고 방관하는 나는
고래 편인가 새우 편인가

치매

그 어른은 지금 저승과 이승의 선계에서 살고 있다
슬픔도 기쁨도 놓아버린 무아의 경계에서
과거의 기억을 꿈결처럼 잇는 외눈박이 김 씨

소작인 농부의 전력에 사로잡혀
밤낮없이 밭고랑 가득 물을 뿌리며
어느 날 망령이란 교주를 모셔온
농부가 기가 막혀 남편이 기가 막혀
내 팔자가 요 모양이라고 신세타령하는
아낙네의 눈물도 모르는 하느님

무자식 상팔자로 부러움 받던 김 씨가
일흔일곱 연세가 무색한 천진난만의 꽃밭에서
가느다란 나뭇가지에 의지해
불볕더위 아랑곳없이 우리 집을 찾아온
오 리쯤 떨어진 이웃사촌 어른께

내가 누구냐고 물어본 우문에
할머니라는 현답으로 뒤통수를 친 김 씨가

죽은 벗들 호명하며 잘 있냐고 물어보는
저승의 인사에 잘 있다고 맞장구치는
이승의 참 쓸쓸한 한때

두꺼비 손

그 아낙 연못의 푸른 물을 언제 떠나왔던가

십여 년 만에 맞잡은 두 손
퍼렇게 퉁퉁 불은 두꺼비가죽에
지문도 손톱도 닳고 닳은 관절마다
풍진 세상 건너온 가계도가 엉겨 있네

스무 해 전 그녀의 등허리 꼿꼿할 때
구멍가게 평상 양파자루 속에서 서로 엉켜
대가리 쳐들던 뱀, 뱀, 팽개친 채
소주 두 병 들이켠 땅꾼 남정네 허리춤 부여잡고
울며불며 끌고 가던 아낙네가

일 년 사이 세 번의 죽을 고비를 넘겼다는
남정네모시며 트럭의 행상으로
식당일로 고물상으로 돈 되는 궂은 일
이어 온 극한직업의 현장에서도
뱀에 물려 시력을 잃은 남편 이야기
산에 풀어 놓고 기르는 까막돼지 이야기로

이순耳順의 얼굴 겹겹 웃음꽃 피우는 아낙이

잘 키운 딸 하나 전국 체전의 검투사로 뽑혀 다니며
필라테스 체육관 차린 후 시집간다고
들고 온 청첩장 뒤뚱뒤뚱 팔자걸음 축축한 날

두껍아, 두껍아, 그 아낙 헌 손 줄께 새 손 다오

영정 앞에서

  엄마야, 쇠주 한잔 다구 오늘은 한잔도 못 마셨다, 한잔만 다구, 니가 밥 줬지 언제 술 줬냐 쇠주는 목구멍에 기별두 안 갔다 어제두 안 주더니 왜 안 주냐, 요기 가슴에 밥 먹은 게 꼭 얹혀 있다구, 쇠주 한잔이면 내려갈 텐데 왜 그러니, 목구멍에 기별도 안 갔다는 소주 빈 병이 눈앞에서 뒹구는 주방으로 주춤주춤 기어 온 시어머니, 방금 드신 소주 한잔은 몽롱한 노년의 망령을 부추기는 황천강 물살로 흘러가고 또다시 쭈그렁 목울대 넘어가는 계륵鷄肋의 신음 안타까워라

  엄마야, 이게 웬 떡이니 너도 먹어라 생시처럼 꿈처럼 허방의 늪을 헤매시는 어머니가 손에 쥐어 주시는 둥근 떡, 코를 찌르는 냄새 북망산 산허리 곳곳에 저승꽃 피우는 노고는 얼마를 더 견뎌야 멈출까 이불에 벽에 칠갑하는 그림은 언제 다 그리실까 지겨워, 지겨워, 이 반복어에 마침표는 없는 걸까 구만리길 가는 느린 걸음 한평생의 궤적이 유언조차 버거운 어머니 향내로 오르시는 북망산천에 호곡성 깊던 그 그늘
  〈

에미야, 애비는 원진살이 박혀서 평생을 위해줘야 한다는구나 당신이 살아 온 기구한 운명을 만신 말 한마디에 걸어놓으신 생애가 온 세상이 귀신이며 자식조차 영물이던 어머니의 합장염원은 내 눈물을 닦으실까 회한이 된 세월도 부질없이 홀연 그림자조차 지우신 어머니가 주선酒仙의 경지에서 자작하시던 소주 한 병 오늘은 산소에서 음복하시는 추석날

도축장 광경

돌미나리 뜯으려고 앞산 샛강을 건너다가
바라본 광경에 오싹 소름 돋아 오금이 저린다
새삼 인간에 의해 식욕의 제물로 사라져 간
너무 가볍게 지나친 죽음의 현장을 본다

백인대* 정자를 모신 바위절벽 승지골** 골짜기와
냇가는 작은 내설악 별칭이 붙었던 아름다운 곳이
읍내 학교의 소풍장소로 사랑받던 곳이
맞은편 도축장에서 건너온 생사의 메아리가 휘도는
지옥을 넘어가는 살생도가 찢어놓은 산천이 된

수십 년 동안 눈앞에서 펼쳐지는
소를 싣고 온 트럭에서 쏟아진
돼지를 싣고 온 트럭에서 쏟아진
죽음을 기다리는 절규가 날마다
아비규환의 통과의례다

기필코 살아서는 나오지 못하는 저곳을 통과한
무더기 사체들이 풍기는 붉은 피의 향연은

하수구 통로를 따라
팔당호 어디쯤 가야 물처럼 맑아질까

따사로운 햇살이 핏물을 핥는 출입금지구역
바람이 겹겹 조문을 하는지 벚꽃 흩날리는
경계에서 까마귀 몇 마리 하늘을 날며
주검공양을 애도하는 서늘한 울음을 운다

* 광주시 유적2호 곤지암읍 열미리에 있다
** 열미리 마을 앞산 이름

꽃으로도 때리지 말라[*]

죄 없는 어린 것들이 또 숨을 거둔다
엄마는 방관하고 아빠는 때리는 조그만 핏덩어리
29일 만에 세상을 떠난 가련한 아기야
엄마 대신 이모 내외가 욕조 물에 머리 넣어
하나 둘 셋 놀이하며 익사시킨 열 살 소녀야
서너 뼘 좁은 여행 가방에 갇혀 나오지 못하고
후후 뜨거운 바람 불어 넣으며
아홉 살 소년이 엄마라고 부르던 계모는
네가 미워 술 마시며 망나니 춤을 췄다
뼈 부서지며 살점 익은 어린 소년아
죽음이 탈출구였구나, 세상을 용서하지 말아다오
태어나서 8일 만에 버림받고 새 부모를 만난 아기야
그 집에서 열 달 동안 웃는 법을 잊은 16개월
양부모가 장난감처럼 던지며 놀던 아기 정인아
부서진 늑골 너무 아파 웃거나 울지도 먹지도 못하고
의사와 어린이집 세 번의 학대신고에도
경찰과 사회가 죽으라고 버린 정인아
락스를 뒤집어쓰고 죽어간 아이
칠곡에서 매 맞아 죽은 아이

게임에 미친 아빠가 때려죽인 아기
살기 힘들다고 두 아이 목 졸라 죽인 엄마
열 손가락 프라이팬에 지진 계부 피해서
옆집 창문 열고 도망친 아이야
굶겨서 때려서 가스배관타고 부모에게서 도망친
한국의 아이들아 죄 없이 죽어간 너희가 하늘이 되어다오
온 국민의 가슴에 비탄과 분노를 안겨준
부모의 인두겁을 쓴 인간들과 사회의 무관심이
하늘로 데려간 수많은 아이들아 결코 용서하지 말아다오
하늘이 무섭다는 천벌이라고 부르는 벌을
만고의 진리를 너희가 내려다오

* 꽃으로도 때리지 말라는 김혜자 씨의 말

동백꽃 공원

제주 남원읍 평일인데도 도로까지 점령한 차량과
떼를 지어 드나드는 관광객 물결에
입장료 사천 원 내고 발 들여 놓은
동백꽃, 동백꽃, 동백꽃나무 지천인 공원
꽃숭어리 청춘남녀가 달구는
낯 뜨거운 장면에 당황하고
볼 맞대며 동영상 찍는 짧은 치마 민망해서
에둘러 외진 곳 스며드는 나도 한 시절
벌레 먹은 꽃처럼 피다만 시절도 있었건만
다 추억의 애수로 흘러가고

수백 그루 어미들이 해거리로 피워낸
애물단지 꽃송이가 낭창낭창 흩날린
레드카펫을 밟으며 환호하는
희희낙락 꽃놀이하는 아들딸아

애비가 닦아 논 꽃길만 걷고 싶다면
어미가 깔아 논 꽃길만 걷고 싶다면
한겨울 추위에 살을 뚫는 피눈물도 견디고

불볕과 태풍에 꺾이는 상처조차
스스로 치유할 줄 알아야 하거늘
꽃보다 사람이 아름다운 마음도 지녀야
꽃길을 걷는 기쁨도 있을 터
그게 붉은 선혈의 핏덩이 혼절하듯
뚝뚝 떨구는 어미동백의 희생이려니
너희를 키우는 부모의 마음이려니

애타는 사랑*이 하염없이 휘날리는
그 동백꽃공원에서

* 동백꽃 꽃말

무명시인

저 멀리 은빛 비행기가 환상을 싣고 날아갈 때
아버지가 북망산으로 가신 우리 집은
마른 검불이 나물이름 붙은 풀뿌리까지 끓이고
씨아를 돌려 목화송이 다듬는 어머니 곁에서
물레질한 무명실 무꾸리 지겨워라

신기루 좇아 서울로 가는 열일곱 살 가장家長
눈 뜨고도 코 베어 간다는 유령의 도시에서
어깨에 짊어진 삶의 무게로 휘청거리던 시절도
청춘과 불혹의 경계도 지우고
발바닥 지문에 굳은살 더께로 붙인 오늘

씨줄 날줄 무명줄 잇는 낡은 노트북 베틀이 짜낸
밥도 돈도 안 되는 무명지 서너 필이
삶의 상처를 싸매는 붕대라도 된다면
땀 흘린 노동자들의 무명수건이라도 된다면

조각난 씨감자가 흙 속의 어둠을 더듬어 새싹을 내듯*
아무도 봐주지 않는 빈 하늘에 홀로 가는 낮달처럼*

〈
무명은 무명이라서 따듯하다

* 이영식 시인님의 무명시인에서 인용

내 귀에 이명이 오셨다

뉘신지 모르는데 양쪽 귀에 누군가 오셨다
해독이 안 되는 작은 소리가
귀청을 맴도는 똥딴지
두어 군데 병원에서도 발견하지 못한
불청객이 진을 친 귀가 갑갑하지만
이순耳順을 넘긴 나이
좋은 말만 들으라는 남의 흉보지 말라는
내 몸의 계시라고 생각하니 무심해진다
기왕에 오셨으니 한 시절
잘 놀다 가시라고 내버려 두리라
통할지도 몰라 꼬박꼬박 올리는 알약들 드시고
떠날 때가 되면 소리 없이 가시겠지
불통도 먹통도 때로는 부처님 말씀이시다

2부

혼백을 모시다

어느 좌선이 저리 고요 하던가
말간 촛농 위 붉은 신불로 타오르는
혼백을 위해 김해 허 씨 후손들이 향을 꽂는다
아무도 뵌 적 없는 증조할아버지 생애를
조부할머니가 모셨다는 유래에 따르면
한 백 년을 첩첩 쌓은 촌락의 부호 였단다
일제강점기 공출 피해 마루 밑에
숨겨둔 돈 궤짝을 위조한 돈이라고
6.25전쟁 후 반동지주 색출하는 자리에서
인공기에 쌓여 실려 갔단다
아들 식구 몰래 피난길 보내고
이래죽으나 저래죽으나 극약처방을 드신
증조부를 선산에 모시고 눈빛 형형한 할머니가
봉당 뜰아래 묻었다는 신줏단지는
어디서 파편으로 남아 있을까
한 가문의 몰락이 수십 년을 휘두는 설날
초헌 아헌 종헌의 술잔을 받으시는
위패, 하늘로 불붙어 오르는 얇디얇은 소지 한 장

포만감에 잠들다

　인생은 60부터라는 구호를 외치며 넘쳐나는 노인들이 노인이길 포기한 대한민국, 스마트한 통신은 오늘 하루도 기적처럼 감사한 날이라고 좋은 글 철철 넘치는 카톡 방 페북 방 문전성시에 한 줄 인사라도 남겨야 멋진 노년인생의 승인을 받는 시대, 할 일도 만남도 다 뒷전으로 미루고 요상한 문명에 지배당하는 속도전에 새벽부터 마늘밭으로 나간다 깡마른 낙엽처럼 바스러지는 마늘잎 장마 오기 전에 거둬야 할 작물이라 기를 쓰고 마늘을 캔다
　누가 지배하는 주종主從의 시대도 아닌데 불치병처럼 자리 잡은 중독성이 캔 밭고랑 가득 가지런히 놓인 마늘이 갓 벙글은 목련꽃처럼 영글었다 어여쁜 손녀딸 깔깔거리는 새하얀 유치가 촘촘히 박힌 마늘 엮으면서 목 타는 시간 물로 채운 하루살이를 끝내고 자리에 눕는 초저녁 천장에서 빙빙 별이 돈다 기억이 불러오는 소년기의 공복空腹, *노구솥에서 꺼낸 감자범벅은 한입 먹기도 전에 쉰내 먼저 풍겼지* 오늘까지 사라지지 않는 그 맛에 질려 감자라면 라면도 싫던,
　가스 불에 냄비를 올린다 펄펄 끓는 물에서 떠오르

는 국수가닥 건지며 사는 일이 국수가닥처럼 가벼워지면 좋겠다 싶다가도 일 욕심 겹쳐 꾸역꾸역 목울대 넘기는 국수, 그 가닥들이 허기를 채운 식곤증에 잠든다

무 밭에서

나비형상무늬들이 흙살을 열고
삐죽삐죽 고개를 내미는 무밭
떡잎부터 알아본다는 식물의 세계도
알고 보면 치열한 전쟁터다
물기 한 방울 없는 메마른 땅에
싹 틔우기도 고달팠는지
군데군데 시드는 떡잎들에
시원한 물벼락 아침저녁 퍼 붓는다
하루가 다르게 잎맥 세우며 살찌는
히벅디리 징띤지마나 시써던 성맥늘
불끈거리는 하반신이 온통 이두박근이다
올겨울 밥상에는 샛노란 배추포기마다
푸른 근육질 토종고추버무린 사내가
떡하니 가족들 밥상 사로잡을 생각 앞서서
몇날 며칠 사내가 좋아하는 갖은 양념들
줄줄이 대기 중인 우리 집
날 받아 고기 삶고 아낙들 불러
한바탕 잔치판 열어야하겠다

시시한 배반

어둑발 깔린 텅 빈 집에서
홀로 마신 포도주 한 병의 도수가
詩 한 분 모시고 싶다는 객기를 끌고 옵니다
시시한 님은 시시한 단어 몇 개 던져 놓고
날 찾아봐라 피접이라도 가셨는지
아예 그림자도 보이지 않습니다
속된 말로 술에 취해 뚜껑이 열린 머리통으로는
찾을 길 막막한 님의 미로입니다
괜한 숨바꼭질에 슬슬 지쳐
나 언제 시 써본 시인이었나?
자조와 반문이 다람쥐 쳇바퀴 돌리는 시간
영영 잊은 첫사랑처럼
내내 이별한 애인처럼
몽롱한 취중을 밟고 가신 시시한 님이
확! 불붙이는 내 이름의 분서焚書
소 닭 보듯 천지가 무심한
그새 내 시 리고요?
네, 시시한 배반입니다

호두나무의 생리학

그대 호두 꽃을 보았는가

꽃 피는 봄날이라고 다 좋은 날이 아니듯
봄꽃이 모두 첫사랑처럼 애련한 것만은 아니듯
스무 해 세월을 품은 호두나무에
바람이 수혈하는 물이 오른다

바람은 호두나무의 첫사랑 망울진 혈마다
푸른 잎 피워놓고 떠난 자리에 밀월을 꿈꾸는
한 몸에서 개불알꽃보다 작은 암꽃과
지네발처럼 늘어진 수꽃이
자웅이가雌雄異家*의 체위를
생식의 본능으로 끌어 안는다

어느 사랑이 저리 한순간의 탕진인가
단 한 번의 사랑에 자진한 수꽃이
서서히 마르고 바스러지는 계절에
뼛속 가득 고소한 정자를 채운 씨 불알 호두
〈

달콤 살벌한 연애의 끝은
가지 끝마다 쌍으로 매달린 불혹의 하트다

* 암꽃과 수꽃이 서로 다른 꽃봉오리에 있는 것

언니 1

천구백삼십칠 년 김해 허씨 족보에
이름을 올린 언니 유모차 인생이
턱, 턱 숨결도 막히고 갈비뼈도 결리는
온몸에 골병이 길을 낸 쭈그렁 언니가

가갸, 거겨, 한글 대신 왜놈 선생이 가르쳤다는 일본글
배우기 싫다고 매 맞고 울면서 소학교 안 갔다고
이 나이까지 살면서 가장 서러운 게
한글도 모른다는 이웃들 무시였으나
다 지난 일이라고 우으며 하희탄을 깁는 언니가

열다섯 살 나이에 남동생 공부시키려고
인천으로 식모살이 갔다는 언니가
이태 동안 번 돈으로 송아지 사 보내고 옷 사 보내고
시집가려고 집으로 온 언니가 죽은 동생 얼굴도 못 보고

신랑 될 사람이 시부모도 없이 살겠다고
캄캄한 오밤중에도 모를 심는 시내라고

등 떠밀려 가마 타고 시집가던 날
서늘한 한기가 가슴을 얼렸다는 언니
그해 밭농사에 거둔 콩 열다섯 가마를
사나흘 노름방 출입에 씨도 안 남기고
달구지에 싣고 갔다는 노름꾼 신랑이

첫 아이 낳고 누운 산모를 투전 돈 내놓으라고
개 패듯 때려 갈비뼈 부러지고 명줄 간당간당해
큰 시댁 사랑방에 숨어 견딜 때
친정아버지와 손아래 남동생이 몇 십 리 길
첫새벽에 걸어오느라 귀와 코에
고드름이 주렁주렁 달렸더란 이야기

그 밑에 있다가는 맞아 죽겠다고 아이 데리고
캄캄한 산 넘어 서울 간 언니 궂은일 행상일 다 거쳐서
사돈 마을로 살러 온 이 풍진 세상에
섬마을 선생님 그 노래만 아는 우리 언니

언니 2

팔순 넘기신 언니가 땅거미 그물 헤집고
들기름 한 병 마구설기 네 덩이
단단히 영근 조선배추뿌리 열댓 개를
낡은 유모차에 의지해 싣고 오셨다

귀먹고 허리 아파 코가 땅에 닿는 노파가
집성촌 사돈마을 사돈에 팔촌까지
존댓말로 공대하는 분이 내 언니여서
하루 내내 흙 밭에서 뒹구는 언니여서
또래 노인들 모이면 밥해주시는 언니가
병원도 마다하고 누워 있는 언니라서
밥맛없다고 막걸리만 드시는 언니라서

열다섯 살 나이테 더 감으신 맏언니에게
열다섯 살이나 어린 동생이 괜히 열불이 나서
상거지가 따로 없다고 구박하고
아프면 병원 가라고 면박 주고
밭일하지 말라고 타박하며
저렇게 고생하시느니 편히 하느님께 가시라고

마음속 고해성사를 올리는
　독하고 모진 피붙이 동생에게

　−죽는 날이 내 날인데 마음대로 안 되는구나
　염화미소를 짓는 이승에서 제일 착한 보살님이
　기쁠 때나 힘들 때나 내가 기대던
　세상 가장 따듯하고 큰 백그라운드 언니가

　설 연휴 병원도 마다하고 식사도 거부하고 유언도 생략한 채
　다시는 못 오실 먼 나라로 가시는 이승의 통과의례 기가 막혀서
　부질없이 흐르는 눈물
　쓰라린 명치
　뼈저린 후회……

시인의 집*

제주에서 시인의 집 이름만 외고
초행길 조천으로 가는 버스를 탔지요

조천 앞바다 수십만 평이
우르르 우르르 덤으로 따라온**다는
시인의 집은 어떨까
호기심 반 부러움 반의 설렘이 파도치는
먼 옛날 외할머니네 집 옮겨다 논
문턱을 넘어서며 구면인 듯 초면인 시인과
서로 두 손을 잡았지요

내가 사는 광주廣州도 아기별 할미도 안다는 시인에게
아기별이 그린 시집 한 권 건네주는
내 설움에 겨운 눈시울 자꾸 젖어 들었지요

어떤 부호도 부럽지 않은**
시인이 키우는 조천 앞바다의 시어詩魚들이
이 집 낮은 처마 아래로 몰려오는
진경해수풍경과 천만갈래 물보라 파도가

시인의 집이더군요
그녀와 본업이 같은 수백 명도 넘는 시인들이
저마다 지은 시집에 쓴 명패로 그녀에게 안부를 묻는
그 집 나서며 밤하늘 아기별 잊지 말아 달라는
간절한 마음 슬며시 두고 왔지요

* 제주 손세실리아 시인의 집

** 시집 『꿈결에 시를 베다』 「바닷가 늙은 집」에서 인용

제주에서

금수강산이 삼천리면
제주까지는 사천 리쯤 되겠구나
그중에서 절반쯤 꺾인 물에서
이 섬으로 날아와 이름난 곳 하나둘 찾아
남지도 않는 발자국 찍다 보면
덕담처럼 따라와 억누르는
좋은 시 많이 쓰겠다는 압력에
발걸음 무거워진다
좋은 곳에서 시는 저절로 터지는 환호성인가
저 아름다운 해안이 파도가 이국의 야자수가
새빨간 선혈처럼 뚝뚝 떨어지
동백꽃송이가 내 눈에는 모두 비명이다
억겁의 슬픔을 토해놓은 핏빛 은유다
섬에서 스러지는 영혼들은
사철 붉거나 푸른색이 되어간다
호랑가시나무의 붉은 열매가 품은
생의 낱말이 비수처럼 꽂혀 시 한 줄 못 쓰고
망망대해 검은 해안선 끊임없는 출렁임이
이 섬에 유배한 뭍의 기억을 소환하는

잠 못 이루는 밤
고립무원의 외로움이 깊다

길냥이 아나,

잔설 분분한 입춘 추위에
제 딴에는 최적의 둥지라고 여겼는지
창고 벽 사이에 둔 장작더미 위에
길냥이 어미가 몸을 풀었다

집도 절도 없이 본능이 내지른 새끼들
가냘픈 울음소리가 창문 너머 새벽잠 깨우는데
새끼 낳은 산모 맘에 걸려 쇠고깃국 한 공기
몰래 얹어놓은 이튿날 어미와 새끼고양이들
감쪽같이 사라졌다 쥐도 새도 모르는 필사적 은신,
잊을 만했는데 낙엽 깔린 앞마당 회단에서
생쥐만한 새끼고양이 어미 잃고 운다

피난길에 낙오된 새끼일까 비정한 어미가
버리고 간 새끼일까 "아나" 하고 부르는
내 손길로 겁도 없이 들어온 굶주린 어린놈을
집에 들이기엔 식구들 눈총이 버거워
사료 주고 우유주며 창고 옆에 방석 하나 깔아주었다
〈

두어 달 사이 털빛에 윤기가 도는
내 발자국소리를 따라오는 아나가
오늘은 어느 집 굴뚝에서 세수를 했나
콧등까지 까만 아나가 그 사이 세상맛을 아는지
텃세 부리는 왕초만 나타나면 줄행랑치는데

단 한 번도 등에 붙은 저 배를 채운 적 없는
길냥이 아나가 오늘은 밭고랑 흙 위에서
온몸으로 뒹구는 애교에 호미 놓고
너는 너대로 나는 나대로 즐거운
망중한!
그래 힘내자! 아, 나,

등신불 연대기

　제 몸을 태워 열반에 드는 촛불은 밀봉된 사연을 끝끝내 드러내지 못하고 타 오른다 바람 앞에 등불처럼 시대의 몸살을 앓던 조숙한 과거들이 이유 없이 검문하는 불온한 사유에 유배되어 절대적 신들에게 길들여지던 열병, 그 중독성, 분해가 빠른 무리들은 이내 늪을 헤어나는 방법을 알았지만 우리가 건너지 못한 늪은 디딜수록 깊은 허방이 되고 알콜 농도에 절여지는 삶을 위해 그대와 나는 쓰디쓴 건배를 들었다

　생을 꺾는 온도는 빗금이 없어서 정답도 없다고 했다 자본주의가 지배하는 사회에서 그대가 내딛는 서덧발 깔린 어둠의 골목은 화해가 없었다 회생이 불가능한 사회의 외면에도 희화된 웃음은 늘 코앞에서 춤춘다 첫사랑의 이별을 서러워 말라 춤사위마다 일렁이는 기억의 환영이 존재하는 울음은 파도가 되고 몽유는 날마다 현실에 몸을 푼다

　숨죽여 울고 있는 사람아, 사는 일에서 해방은 고통을 잉태하는 강을 건너야 가능한 금줄을 풀어야 갈 수

있는 면벽의 좌선이다 살아 온 세월들이 응결된 곳 그 터전에서 하늘 끝까지 닿는 울음을 터트려라 배웅 나온 인연들과 마중 나온 타인에게 경배하는 마음도 함께 가야 하리라

  사랑하는 사람아, 망각의 강은 온 우주를 돈다 어느 누구든 끝내는 건너야 하는 이승의 마지막 강물이다 죽음도 삶도 처연한 슬픔 속에서 피어나는 만다라 꽃이다 삶을 두고 영원이란 허구의 말은 존재하지 않는다 불편한 진실도 공평한 거짓도 무주공산의 허무다 그대가 해독한 세상의 연대기에 등신불로 공양한 경전, 그 흔적이 그대가 꽃피운 다음 생이다

농부일기

곡식은 농부農婦 발소리 듣고 큰단다
비 온다는 기약 없는 봄 가뭄에
뙤약볕 무릅쓰고 물주고 가꾼
밭고랑마다 넘실거리는 먹거리와
옥수수 참깨 고추들이 무럭무럭 크는 텃밭에
불청객 태풍이 밤새워 놀다 가겠다는 예보다

한창 키 세운 저것들 실하게 꽃 매단 몸피들
꺾일까 다칠까 지지대 박고 끼리끼리 의지해가며
줄로 매는 방책에 하루해가 짧았다

폭풍이 태풍이고 태풍이 물바다인
대책 없는 하룻밤 사이
바람이 휘두르고 매질한 푸른 것들 온몸에 멍이다
아예 꺾이고 뽑히고 저승길로 누워버린
서너 고랑 참깨 밭이 통째로 쓰러진 밭
하룻밤 물장난에 명줄 놓은 한해 농사 참혹해라

여기저기서 풀 비린내 진동하는 밭

망연자실 바라볼 때
하늘의 일에 상심하지 말라고
흉년 들면 풍년도 있다고
대추나무 가지에 핀 나팔꽃이
한나절 만개로 할 일 다 했다는 듯
입 다무는 복습도 예습도 없는
태풍의 질주
폭풍의 계절

나무꾼 아버지

초저녁에 서걱서걱 낫을 갈던 아버지가
목침을 고이며 잠을 청하시면
어머니는 등잔불을 끄셨다
땟국 자르르한 이불 속 엉겨 붙는 발등 위로
낙엽처럼 포개진 숨소리들 잦아들며
키 재기 하던 우리는 먼 꿈결로 끌려갔다

산비탈 가파른 고개를 넘는 아버지의
바튼 숨소리가 격자창을 가로질러
사랑채 용마루에 샛별로 뜨는 새벽녘
어머니는 화롯불 석쇠 위에 낡은 군화를 데우셨다

싸락눈이 메밀꽃처럼 깔린 마당을 나서는
리어카에는 잘 벼린 낫이 지게와 함께 실리고
아부지 오늘은 꼭 입쌀 사와요
동생이 생쥐 같은 눈을 반짝이며 매달렸다

저 멀리 고개아래 일소처럼 리어카를 끌고 오는
아버지가 보이면 오빠와 나는 화살처럼 내달렸다

어서 힘껏 밀어라 쉬면 못 올라 간다
마지막 결투처럼 내뻗은 두 팔에 주술을 걸며
들숨과 날숨이 성애 꽃을 피우던 깔딱 고갯길
그해 겨울, 나무마다 흰 꽃이 무수히 피고 졌다

옥수수 하모니카

바짝 마른 옥수수 씨앗을 들고 옥씨라고 물어뜯는
어린놈부터 삼대가 모인 휴일
마당 가마솥에 풋옥수수를 쪘다

여리고 흠결 없는 것들은 따로 골라
목 빼고 기다리는 어린 것들 주고
팔뚝만 한 옥수수는 아들딸이 먹고
이빨 빠진 무녀리 한 바가지 늙은이 몫이다

양손에 든 옥수수 맛있게 뜯는 연년생 여섯 놈이
악보도 곡명도 없이 목울대를 넘기는 저 소리에는
저절로 어깨춤을 추게 하는 리듬이 있어서
대물림 내리물림으로 전해 오는 묘약이 있어서
식솔마다 빵, 빵, 웃음꽃 터진다

수염 먼저 달고 나온 철없는 자식들 키우느라
누런 꽃 안테나 주파수로 벌 나비 부르며
열흘간격 키 세우는 한 시절의 옥수수 밭에
고맙다고 애썼다고 덕담에 얹어 크는 내 어린새끼들

코로나 시대의 격문

아무도 몰랐다 누군지도 모른다 그대가
전해주는 비말의 분자 침방울 그게
당신을 경계해야 하는 불신의 주역이 되는 것을
지구별에 전파하는 이웃나라 통신들도
창궐하는 괴물에 속수무책 포로로 잡혔다는 전언이다

아무도 믿지 마라 노약자일수록 방심은 주검이다
가족은 가장 좋은 전염의 동반자
몸의 거리는 멀게
마음의 거리는 가깝게
복면마스크 거리두기가 예방인 현실에서
당신도 애인도 일상이 따로 없다

그리운 인연도 익숙한 습관도
잠시 내려놓고 돌아보는 여유를 갖자
인간이 역병을 역병이 인간을
서로 볼모로 잡는 끔찍한 4차원의 재앙

그 재앙이 방증하는 문명의 징종에
자연에게 우리 모두 겸허히 참회하자

3부

그 노년의 봄날

황사와 꽃샘바람이 시새워 놀이하는 마당놀이판에
불청객 팔순노파 들불을 놓았지
새끼 밴 고라니 제집 삼던 묵정밭을
화르르, 화르르, 집어삼키는 불꽃놀이 판이 커져

불이야! 불이야!
사방팔방 도깨비불 이리저리 뛰고
불자동차 앵앵거리는 이른 봄날의 불야성에
혼비백산한 노파, 불 끄다가 끝내 불구멍 뛰어들어

극락인지 현실인지 헛소리하며
팔십 년 생애가 화염지옥에 날리는 뼛가루였다고
기어이 죽을 날 가까웠다고
손바닥 지문들이 북망산 가는 점을 보는데
삼지 사방 불똥이 튄 자리마다 꽃피우는
야릇한 봄바람 산 너머 가고 있다

다국적 코리안 드림

읍내 큰 도로변외곽 교회 옆 꽃집은
새벽이면 다국적 인종들이 모여
하루치 일당으로 팔려 갈 일자리를 찾는
인력시장이어서

베트남, 미얀마, 몽골, 태국, 캄보디아 등
모국의 국명國名을 이름으로 부르는
하루 몸값을 줄 물주며 교주를
곡진히 기다리는 기도문은
불교일까 힌두교일까 이슬람교일까
그도 아니면 코리안 드림을 꿈꾸는 이단아일까

간이의자에 엉덩이 붙인 그 사람들이
트로트가락 흩날리는 참 좋은 나라의 관광버스 타는
아낙네들을 경멸과 부러움으로 버무린
눈길로 힐끔거리며 불러줄 시간을 기다리는 꽃집

몇몇은 싱싱한 꽃대처럼 뽑혀나가고
호명을 기다리는 주름진 얼굴들이

정차하는 차창마다 간절하게 엉겨 붙는데

아낙네 실은 관광버스는 하루를 탕진하러
부웅~~ 기적을 울리며 떠나 가네

3번국도

 오래전 실직한 남편 대신 밥벌이에 나선 그녀가 하는 일은 일 년에 석 달은 쉬어야 한다는 조건이 붙은 비정규직 청소원이다 마흔도 안 된 젊은 그녀에게 어울리지 않는 일자리지만 식당일 공장 일에 인력사무실까지 드나들다 겨우 얻은 그 일자리가 그중 맘 편하다는 그녀는 바람이 부나 눈이 오나 한눈 한번 안 팔고 3번국도 가꾸는 궂은일로 거리에 선다 노란 형광 조끼가 유일한 보호막인 그녀가 차도와 인도의 경계석을 아슬아슬 줄타기하는 모습을 가끔 창밖으로 보기도 하는 아찔한 순간은 순식간에 사라지는 풍경의 일부처럼 오늘도 엎드렸다 일어서길 반복하는 그녀가 지나간 거리,

 저 직립의 로봇처럼 3번 국도로 가는 그녀의 가계도를 들춰보면 투전에 눈이 멀어 사흘 도리로 시모媤母를 때린 시부媤父가 보이고 하얀 꽃가루 한 병으로 별이 된 시누이도 보이고 고전 속 난세를 평정하려 했던 지아비의 이름이 영원히 대한민국에 살아 있는 집, 아랑곳없이 오로지 온몸으로 도로를 순례하는 삶의 방식,

그녀가 커닝도 모르며 쓰는 생의 모범답안 3번국도 그 길이 환하다

밥값의 공포

　한주일이 넘도록 먹통이던 전화기를 들고 후배에게 안부를 묻는 통화 끝에 실언을 한다 오랜만에 밥이라도 먹을까? 좋아요 누구를 부를까요? 글쎄 누구를 불러야 하나 돈줄하고 멀어진 지 스무 해가 넘어 말년의 인연처럼 졸아들기만 하는 백수의 지갑 열어보며 배춧잎과 겹쳐지는 얼굴들, 늙을수록 입은 닫고 지갑은 열어야 좋다는 진실을 깜빡 잊은 후회지만 내뱉은 말은 다시 담을 수 없는 은연의 약속, 비상금 꺼내들고 버스를 탄다

　밥 한번 먹자―고 밥솥 광고하는 스타는 날마다 한번은 밥을 먹을까 군더더기 없는 봄매는 밥하고는 거리가 먼 마네킹처럼 말랐는데 나잇살과 동반하는 뱃살 출렁거리며 비곗살 더 얹으려고 사십 분 거리를 달려온 버스에서 내린다 나이불문 남녀불문 식당에서 최고의 스타는 밥값 먼저 내는 사람이란 카톡 문자 읽으며 불안한 자화상이 네온 휘황한 식당 자동문에 좀비처럼 빨려 들어 간다
　〈

반가운 얼굴들이 오늘 밥값은 공동헌금으로 충당한다는 정겨운 목소리에 저절로 풀어지는 공포 새가슴에 묻으며 내 나이 값이 배춧잎 몇 장도 안 되는 서글픔이란 비밀 슬며시 확인했다

마지막 인사

이태 동안 대문 밖 출입이 없는
은수 씨 어머니를 보러 갔다
낮은 처마 아래 발을 들이는 순간
훅 끼쳐오는 과거의 냄새가
그늘의 곰팡내와 어울린 마당에
그분이 즐겨 앉던 평상이 놓여 있다

저 견고한 고딕체의 광물에
주름진 손때 묻히던 노인의 일생은
육백 년 양반의 집성촌 후손들이 노비문서로 보관한
오래 된 관습에 발 들여 놓은 응어리진
수십 년이 굴종이며 속박이던 금줄

가문의 영화로 위세 부리던 생원님 마님이 모두
영정으로 사라진 후
착한 듯 부족한 듯 늦장가 든 아들이
손주 셋 안겨주어 노후가 편안하다고 하시더니
식당일 손 놓고 야반도주한 며느리 찾지 못해
시름시름 날밤 새우는 망령 껴안은 노파

〈
이웃 아낙도 모르는 망각의 강 건너는
깡마른 살아 있는 미라 같은 어른이
힝, 힝, 힝 우는 마지막 작별에
'어르신 내생에서는 꼭 대갓집 마님으로 환생하세요'
시대에 뒤 떨어진 염원이나 기원하는
나는 전생에 어느 문중 노비였을까

천만이라고 하는

가족과 함께 먹고 자는 반려동물이 천만이라는
뉴스는 나만의 충격일까 사람보다 반려동물이
가족구성원으로 더 보호받는 시대에
당신의 애견을 개새끼라고 욕하면 모욕죄로
고소를 당할 수도 있지만 개새끼를 몰래 버린
당신은 누가 법에 고소하나

품 안에 넣고 다니던 하얀 개를
캐디가 직업인 그녀는 이웃에게
평생 반려견으로 소개했지만
헌신짝처럼 버리고 이사 간 그녀를 못 잊어
옆집 컨테이너 밑에서 하루를 보내는 버려진 개가
빌라 아이들이 거둬 먹이는 거지개가
어느 날 흙바닥에 낳은 하룻강아지 두 마리

마늘밭 참깨 밭 뭉개고 망쳐놓아 머리끝까지 열 받은
밭주인이 새끼 두 마리 매타작하다가
뛰어나온 어미 개에게 물려
병원비만 이십만 원 들었다고 이를 갈더니

맙소사! 허옇게 혀 빼물고 죽은 어미시체에
구더기 수백 마리 바글거리는
천만 시대의 당신 어디서 찾나?

상수네 이사 오다

　버섯농사 십오 년에 전답도 팔아먹고 세받던 공장도 팔아먹고 빚보증 서준 친구 야반도주에 수천만 원 농협 빚까지 떠안은 남정네 그 곤경에도 동네친구 술친구 아낙들 주정까지 하회탈 웃음으로 반기는 속내 드러내 늘 사람냄새 진동하는 상수네 집이

　불볕 비닐하우스 속에서 참나무등걸 목욕재계시키는 덜 여문 풋바심 같은 밤낮이 따로 없는 상머슴 그 아낙이 술상 차리는 것보다 더 힘든 건 곤드레만드레 취한 입방아들이 찧는 뒷말이라고 저런 속 빈 강정 같은 남정네와 못 살겠다고 하는 눈물콧물 하소연에 나도 덩달아 코가 찡해 몇 잔술로 위로받고 오는 상수네 집이

　세 딸 시집보내느라 없는 살림이 더 궁핍해져 쉰 나이에 뇌졸중 진단받은 상수아빠, 느릿느릿 걸음마 떼는 두 발로 동네 한 바퀴 걷는 입 꾹 다문 돌부처 섬기려고 십여 리 길 자전거 타고 오르내리며 호구지책에 뛰어든 상수엄마, 두 내외 법 없이도 살겠지만 끝내는 살던 집까지 팔고 나서 옆 빌라로 이사 온 상수네

〈

  쌀랑쌀랑 봄바람은 맵차서 귓불까지 얼리는데 손재수 없다는 길일 이월 아흐렛날 이층 계단 오르지 못해 벌벌 떨고 있는 상수아빠 어부바로 모셔다 놓고 팥 시루떡 두 말 동네방네 죄다 돌리는 그녀에게 부~~자 되라는 축원이 바람을 타고 흩날리던 상수네 집 이사 온 날

귀뚜라미

여름이 물러가는 길목에서
찬바람 눅눅한 뒤란 풀숲에서
애달픈 현(絃)을 켜는 귀뚜라미여 예까지 오셨는가,
풀 이슬 벗 삼아 처량한 가락마다
내 심중을 휘젓는 가객이여,

기러기 떼 구만리장천을 날아가는 가을 밤
초승달 뜬 하늘 열두 벌 수의를 피우는 박꽃 그림자가
끝끝내 풀지 못한 빛바랜 사연은 감춰두고
,
짝을 잃은 그리움에 밤이 새도록
목 놓아 부르는 비련의 울음이여

집 한 채가 사라졌다

견고한 붉은 벽돌로 쌓아 올려
장구성세를 꿈꾸던 그 집이
단 사흘 만에 눈앞에서 사라져
허허벌판이 된 집터를 보며
가만히 머리 숙여 속죄의 기도를 올리고 싶은 날
열다섯 해의 시련을 견디지 못하고
무지막지 덤벼든 포클레인에 허물려
어디론가 실려 간 지상에서 소멸된 집
대문 옆 소나무 두 그루 푸르고
철망 울타리에 화려한 장미넝쿨
붉은 대추가 조롱조롱 열리던
두 모자가 살던 집 흔적조차 사라지고
다주택 빌라 두 채가 햇볕을 차지하는
지금은 아무도 기억하지 못하는 집

어머니의 점성술

흐린 하늘을 보며 점을 치던 어머니는
바람보다 먼저 머리를 싸매고 누우셨다
밤새 골이 쑤시고 아파서 뜬눈으로 날이 샜단다
천근만근 온몸이 무겁더니 비가 오는구나
약 한 첩 쓸 수 없는 집안에
어머니 몸에 들어앉은 고질병이
비를 불러오고 눈이 쌓이고 했다

다리가 쑤시고 저려 꼼짝도 못 하겠다
가마솥에 쑥 넣고 푹 끓여라
네 오래비 찾아서 이명래 고약 좀 사 오라고 해라
아버지 다리에 난 종기는
피난길 국방군에 끌려가 얻은 상처가
내내 아물지 않는 지독한 훈장이라는데

비가 오나 눈이 오나 바람이 부나
병명도 모르고 앓던 부모님의 지병이
구비 구비 호곡성으로 흘러간 그 옛날도 지나
내 몸에 유산으로 전해준 영험한 신점이

밤새 신음으로 부서지는 관절 마디마디
안부를 묻는 하염없는 폭설

노거수의 경고문

까마득한 육백 년 풍찬노숙의 세월을 사시느라
열두 아름 몸피가 반쪽이 되셨지만
市에서 57호 보호수*로 명명되신 느티나무
첩첩산중 이 마을에 청백리 조상님이
부모님 산소 모시고 심었다는
내력을 휘감고 계신 그 그늘에
이정표 효자비 공덕비 전설을 담은 유래비와
까치집 개미집 구렁이집까지 품으셔서
혹여 부러질까 받침목 고이고 영양제 놓고
그물 울타리에 긴 의자까지 놔드린
그만하면 동방삭이 부럽지 않은 노후라고
날 받아 고유제 올려드린 노거수 할아버지가

−경고−
벌열미 주민들이 고유제를 올리는
당산나무이신 느티나무 아래서
술 마시고 고성방가하지 말 것
특히 나무에 노상방뇨하거나 담배꽁초
쓰레기를 버리면 엄중 고발조치함

—이장 및 주민일동—

참다못해 펼치신 두루마리 경고문을 무시하고
세월아 네월아 이 마을로 흘러든 주당들과 어울려
막걸리에 절어 살던 까막눈 안 씨 마누라를
하룻밤 사이 북망산 남편 곁으로 모셔간
겁나게 용한 신목님
만수무강 하소서

＊ 600년 전 청백리재상 구치관(1406~1467)공이 곤지암읍 벌열미에 심은 느티나무로 광주시 보호수 57호다

나 홀로 춤을

나 지금 춤을 추네

관중도 무대도 없는 나 홀로 집에서
산다는 게 별거냐고 인생살이 뭐 있냐고
개그프로의 허망한 웃음처럼
엉거주춤 막춤이 자체 발광하는

부녀회 아낙들 태운 관광버스는
물 좋은 강원도로 춤추러갔네

주체할 수 없는 신열이 끓는 아낙들이
제비 한 마리 볼 수 없는 외지 술집에서
네온 불에 목숨 바친 하루살이처럼
춤추며 취하고 춤추며 노래하던 하루

나 지금 거울 보며
광막한 광야에 달리는 인생*처럼
훠이 훠이 춤추며 우네

* 사의 찬미 노래가사

사금파리

윤삼월 송홧가루 날리는 수수백년 문중 산
깊은 숲속에서 화석이 된 조상님 산소
허물어 새 집으로 이장하는 날
넓은 묘역에 봉분이 올라가고
달구질소리 후렴하는 메아리가
선소리로 되돌아오는 적막강산 무덤 터에서
돌무더기 허물어진 산기슭의
굴착기가 파낸 사기 파편 한 무더기
저마다 추측으로 반추하는 옛 주인이 무성하다
묘막이었을까 죄인의 누명을 쓴 귀양지였을까
몰래 도망 나온 노비 내외가 살던 집터일까
질화로의 테두리 기왓장 쪼가리
굽 높고 낮은 접시 조각들이
무수히 손길 닿았을 주인의 신분을
깨진 유물이 지키는
묵묵한 충정에 바람도 햇살도
경배를 올리는 사초 날

이층의 역사

헌집 위에 새집을 얹는다

층층 포개 올린 18층 아파트에서 웃고 울고 뛰다가
기어이 층간소음이라는 해괴한 죄명으로 옭아매는
딸네 어린 새끼들의 보금자리가
할아비 할미의 정수리로 올라가는
이층의 새 역사를 위해 대출로도 모자라
노후자금으로 감춰둔 비자금까지 거덜 냈다

막걸리 새참에 불콰한 얼굴로
계단을 오르내리며 일당을 해바라기 하는
노동자들의 손발은 세월아 네월아 노래를 부르고

올망졸망 매달린 어린 녀석들 모셔올 꿈에
하루가 여삼추 같다는 큰딸 내외는
아파트 아래층 집주인이 내뱉은
육두문자 경고까지 미주알고주알 쏟아놓는데
눈물 콧물 통할 리 없는 이층 공사현장
〈

전생의 막장 드라마 주인공들이었던 무용담들
이판사판 공사판에서 다시 환생하는지
엽기적 욕설들이 태를 가르는 가설극장이
석 달 열흘 만에 철수한 날

다섯 식구가 끌고 온 이삿짐 보따리마다
즐거운 비명이 경쾌한 희열이
통통 뛰며 계단을 오르 내린다

끝물

장마철도 지나고 삼복도 지난 건들팔월
왼 여름내 푸른빛 지겹지도 않은지
콩밭 풀밭에서 콩 포기보다 웃자란 풀 뽑는다

밭고랑 사이사이 하늘로 뻗어대는 잡초가
비 한 번에 싹 틔우고
한나절 볕에 키 세우며
촌각을 다투는 성장의 속도로
씨를 말리려는 생각 따윈 꿈도 꾸지 말라는
하! 진절머리 나는 푸른 명줄들의 비린내

모기는 피를 빨고
목은 타는데 잘 여문 참깨 꼬투리마다
제 밥처럼 달라붙어 배를 채우는
참새 콩새 비둘기 요놈들까지 쫓다가 지쳐

시어머니 모진 시집살이에 집 나와
시멘트 공장에서 일하다
시멘트 가루에 귓구멍 꽉 막혀

두 딸 남겨두고 구만리장천 길 떠난
두래울댁 명실엄마 얼굴도 떠올려보는
다 지나간 시들한 끝물

어느 장례식

소낙비 그친 뒤 퍼붓는 뙤약볕에
집으로 귀가하지 못한 지렁이 한 마리가
마당에서 되돌릴 길 없는 상처투성이 외도를
온몸에서 증발하는 수분으로 그림을 그린다

오체투지로 꿈틀거리는 지렁이가
최선의 선택인 양 오직 전진만이
살길인 듯 나아가지만
악착같이 달라붙은 검은 개미들
수백 마리의 상여꾼들이 어기영차 떠메고 가는
산송장 지렁이가 지하 무덤에
비명도 저항도 없이 매장되는 최후가 처연하다

마당 어느 꽃집에서 나왔나 저 늙은 지렁이
문드러진 등골로 흙을 갈고 져 나른
노동이 피운 꽃송이들이 축축 조화로 늘어진 오후

참새 몇 마리 대추나무 가지에서
장례식 조문 온 벗들 동정을 살피는 세상
어스름 노을이 햇살을 먹는다

4부

눈물의 형이하학

흐린 하늘에서 소리 없이 낙하하며
설국을 쌓아가던 백의종군 눈발들이
하루도 못 견디고 퇴진하는 산하에
조각처럼 아름다운 뼈들이 쌓은
산수화 수묵화 참 근사하다

저 거대한 캔버스에 희디흰 결기로
쏟아 부은 무진장의 흰 눈발들이
다시 하늘로 소환되는 윤회의 과정을
끼리끼리 은유통신 공유하는 참새 떼 까치 떼
한 시절을 탁발한 들깨 밭 언저리에서
해석이 불가한 상형문자로 수없이 탁본을 뜨는데

타악! 비명소리, 지붕에서 투항하는
눈부신 소복단장 눈꽃의 자폭!
저 멀리 전염병에 감염된
젖은 병사들이 소리 없이 기어 온다

갈대

오뉴월 염천을 앞개울에 가서 보았다

파충류 닮은 물 딱지가 바닥 돌에 붙어 말라가고
메마른 내천 한 귀퉁이서 졸아드는 물에
숨 붙어 있는 것들이 오글거리는 삶의 투쟁을

서걱서걱 시퍼런 갈대 촉이
예리한 비수처럼 반짝이는
무성한 갈대 평원으로 변신 중인 냇바닥
마을에는 갈대 꼴 먹는 소도 없고
갈대의 순정을 노래하는 연인도 없는데
팍팍한 소문으로 칼 가는 소리만 들리는데
온 물길을 다 덮은 갈대들이
사방팔방 세력을 키워서
어디까지 쳐들어올 것인지

자글자글 끓는 찜질 모래 방 귀퉁이에 서서
저 푸른 무적군단 갈대를
한방에 뒤집는 물 폭탄 쏟는

기우제라도 올리고 싶던 마음을
너나없이 피난 중인 여린 생들을
제 각자 제집으로 귀향시키고 싶은

석삼년 목 타는 간절한 마음을 앞개울에서 보았다

아기별 꿈*

우리 집 지붕 위에 홀로 뜬 작은 아기별 나침판 삼아
하늘구만리 너를 찾으러 할미가 날아 간다

요단강 강물에 두 발을 씻고 저승사자 길잡이에 노잣돈 주고
염라대왕 명부전서 극락세상 주소를 알아서
뉘 집인가 네 이름 부르며 대문을 두드렸네

생시인가 꿈인가 보고 싶고 보고 싶은
왕눈이 우리 아가 얼마나 컸을까
닭똥 같은 눈물 흘리며 내 품에 안기려니
애타는 마음으로 부르고 불러도 대답 없는
그곳은 어디인가 넋을 놓을 때

황토 흘러내리는 맑은 물줄기에 쓸려
잠에서 깬 이승은 궂은비 내리는 칠월 초승 새벽
하염없이 너를 그리는 한여름의 부질없는 꿈이여

* 2019년 86개월을 지구별에 내려왔던 손녀 故구유진 아기가 그림을 그리고 할미가 글을 쓴 시집 『아기별과 할미꽃』(학이사)이 출간되었다.

사진

노인정 할미 친구들이 돈 내고 해야 한다는
손주 자랑 경연대회에 신바람 불었다만
꺼내 보는 핸드폰 사진 속 네 모습
요 예쁜 얼굴이 요정이냐 천사냐 인꽃이더냐
할미 가슴에 눈동자에 들어앉은 너는
귀여운 토끼로 고양이로 강아지로
포토샵을 남겼는데 먼먼 하늘나라
아기별로 뜨다니 기막혀라
이승에서 다시는 볼 수 없는 네가 그리워
쿡쿡 찌르는 가슴의 대못 견딜 수 없어
돌아앉은 눈시울 자꾸 붉어졌다
할미들 눈시울도 같이 붉어졌다

어린이날

여름에 접어드는 입하가 어린이날이다
초록빛 동색 일색인 온 산이 푸르구나
네 언니가 진즉부터 좋아서 들떠서
어린이날 표시해 둔 달력을 보며
네가 크는 하늘나라에도 어린이날 있을까
엄마도 아빠도 할미도 없는데
우리 아기는 누가 선물을 주나
저승길 아무도 모르니 할미선물 어찌 주나
허무한 생각에 잠긴 눈
세상에나 반짝반짝 은빛 날개를 달고
하느님 곁 어린 친구들에게 선물을 나눠주는
천사아기야, 깜짝 놀라 너를 부르는
대낮의 백일몽에
차라리 깨지 않는 꿈이었으면

아가야, 네가 좋아한 초콜릿 막대사탕 들고
내 혼백 안치된 그 절집 다녀와야 겠구나

산밤

겨우내 먹겠다고 욕심껏 주워 온
눈에 띄는 대로 수탈의 표적이 되어
김치 냉장고서 겨울을 난 산밤을 깐다
미라처럼 생이 정지된 어리고 말랑한
밤벌레의 주검
어느 모태가 슬어 논 유전자의 보금자리였을까
한 생을 일용할 양식이었건만
서서히 굳어가는 추위와 맞서
굴을 파고들며 버티던 생애도
비정한 추위 앞에서는 다 무용지물이었듯
썩어서 먹을 수 없는 산밤 내다 버리며
소나무 먹는 송충이나 밤을 먹는 밤숭이나
헛 욕심에 눈먼 나도 식충이처럼
평생을 먹거리 포로로 끌려간다는 생각에서
오싹 전율하고 말았다

춤추는 이별가

부산 용궁사 입구
부처님을 팔아먹는 매점 꽃그늘 아래서
서울 가는 열두 칸 완행열차 경로석에
무임승차한 칠팔십 나이테에 꽃이 핀다
주거니 받거니 보약처럼 마신 술기운에
꼬부라진 허리 춤추며 나뒹구는 만취한 늙은이들

한 많은 인생살이 꽃구경이 대수냐고
개똥밭에 굴러도 이승이 좋다고
꼴불견 자막으로 스치는 눈총 죄다 무시하고
술병과 함께 물들어가는 황혼의 엘레지

추억이 늙어 갈 때 꽃말도 닳고 닳아
오늘이 가장 젊은 시간은 막춤이라고
흰머리 정수리 사이에
하르르 하르르 벚꽃 부고장 얹어
이별의 부산정거장을 떠나가는
저 넓은 봄바람
낙장불입의 분분한 낙화

그 소년의 사회

문단속을 방심한 사이 소년이 온다

거실 의자를 차지해 돌아갈 줄 모르는
스물일곱 살 불안이 핏발 세운 청년과
친족이란 혈연으로 불편을 줄다리기하는
낯익으면서 낯선 너와 나 사이

산 그림자 너머 은빛 섬광을 긋는 전투기 편대
그 굉음에 놀라 발작을 일으키는
어린 소년의 병력은 학교폭력이었다

친구가 짓밟고 학교가 버렸고 세상에서 잊힌
소년은 자신이 세운 비행왕국에서
과거에 빙의되어 비행을 시작했지만
늘 정상 궤도 진입에 불시착하던 무관심의 거리,

홀로 고립된 세상에서 식물인간이 된
소년이 먹어 치운 폐기물이
드럼통처럼 비만을 키운 공간은

아무도 갈 수 없는 고립무원의 황무지라고

청년이 된 소년은 하룻강아지보다 더 천진하지만
부메랑처럼 돌아오는 상처와 부채 감당이 안 돼
치유를 포기한 부모 몰래
가끔씩 병동을 벗어나는 청년

담배살 돈 쥐여 주며 미안하다 빗장을 잠그는
변절의 시대, 그 소년의 새가슴을 향해
소리 없이 총을 겨누는 집단 가해자들

나나니벌

너른 들녘 다 놔두고 가족도 버리고
거실 문턱을 넘어 온 나나니벌이
꽉 닫힌 유리창에서 통로가 없는 사지死地에서
눈앞의 허공을 가로막은 수직절벽을 향해
온몸으로 부딪치는 자해의 춤판
개미허리 어디에 저런 무아의 본능이 있었을까

날 닮아라, 날 닮아라, 나나니, 닐니리야,
독침 놓은 먹잇감 물어다
자식들 먹이로 밀봉해 놓는다는 모성이
어쩌다 날아든 마지막 축제가 되어
한바탕 잘 놀았으니 그만 잘 가시게

나나니, 나나니, 춤추는 기생벌아

막걸리

한물간 생이라고 독기도 없으랴
아무렇게나 막 거른 술이라고 취기도 없으랴

땡볕에 쭉쭉 갈라진 논바닥
피사리하던 농부들이
걸쭉한 막걸리 몇 병 새참으로 마신다

뽕나무 그늘 아래
장딴지에 하지정맥 심줄이
거머리처럼 달라붙은 농부 세 분이
그림자까지 앉혀놓고 막걸릿잔 부딪치며
태평가 장단을 부르다 큰 大자로 눕는 샛 잠

큰 개미 떼 일렬횡대로 물어 나르는
마른 멸치 뼈다귀의 횡재처럼
누룩곰팡이 간절함으로 발효하는 막걸리
그 취중몽사에 선들바람 슬며시 부채질하는
하지 무렵

바람

바람의 뿌리는 유목이다
북새바람 돌아선 들녘에
봄바람 꽃샘바람이
변절기의 경계를 허물어버리는
우수 경칩의 행간에서
바람난 소문들이 회임을 한다

봄꽃은 봄꽃끼리
나무는 나무끼리
잡초는 잡초끼리
불륜은 불륜끼리
야합하는 은밀한 비명

머잖아 연둣빛 진통을
온 산하에 풀어놓을 불멸의 사랑만이
바람의 낙원에 초대받는

지상의 모든 사랑이여, 바람에 경배하라

나도 망나니가 되어

깨갱, 깨갱, 새해 첫 휴일의 적막을 찢는
처절한 비명
개가 매를 맞고 있다
빌라에 가로막혀 일면식도 없는 건넛집에서
움직이는 모든 사물을 향해
짖어대던 충견에게
굴종을 담보로 휘두르는
어느 망나니의 매타작,
개는 매 맞아도 되는 인간소유물인가

술자리 간 지아비 발소리 벌벌 떨리던 맥박
폭력을 피해 몸 숨긴 어느 날 한때처럼
벌벌 떨며 매 맞는 그 개
피가 거꾸로 솟는 그 시간
끝내 모르는 척 외면한
나도 똑같은

흰 나리꽃

저 하늘 아래 저 산그늘 너머에
그대가 있는데 지척인 그 거리가
우리 사이 너무 아득한 그 거리가
닿을 수 없는 별자리 행성 같아서
영영 다시 못 만날 듯 살아서는 못 만날 듯
속절없이 멀어진 그리운 사람아
밥은 잘 먹고 계시는가 아픈 곳은 없는가
오늘은 커피도 없는 텅 빈 카페에서
정겨운 그대 모습 보며
더더욱 보고 싶은 마음 눈물샘 퍼 올린다
정이란 무엇인가 인연이란 무엇인가
자로 잴 수도 없고 허물 수도 없는
인간사 별리의 거리는 얼마인가

맞잡은 손끝으로 떨리던 설렘은
한 방향으로 향하던 환호의 기쁨은
그대와 나 한 발로는 갈 수 없던 저 능선의
정상처럼 자꾸만 지난날을 불러오는데
뻣뻣이 치미는 내 가슴의 통증에

절벽처럼 버티고 선 이별의 상처에
그대는 왜 변함없는 사랑이란
꽃말로 자꾸 떠 오시는가
흰 나리꽃 꿈마다 보내 오시는가

폐농

황무지를 과수원의 옥토로 바꾼
불굴의 사나이로 통했지만
재작년 전지하던 과수나무 사다리에서 떨어져
스무 해가 넘도록 가꾼 산비탈 과수원
오천 평 농사를 폐농한 오라버니

속절없는 세월은 주인의 발길이 끊겨도
복사꽃 배꽃 사과 꽃이 흐드러지게 피어나고
솎아 내지 못한 꽃자리마다
다닥다닥, 다닥다닥, 다닥,
아기 주먹만 한 과일 찢어지게 매단 가지들
못 본 채 잊었는지 등 굽고 귀먹은 내 오라버니

짝 채워 시집간 다섯 딸 사위에게도
사시사철 일 많은 과수원은 매력 없는 애물단지
농협 빚만 늘어나는 골병드는 농사라고
대물림 가업은커녕 물려줘도 싫다고
손사래 치는 땅이라는데 농부 병 깊고 깊은 아낙네 데리고

몇 해째 드나드는 병원 살이 버거워
장날 뻥튀기 장사로 연명하는 오라버니

유월백중 아버지 제삿날 돌아본 과수원은
자연학교생활관으로 변해 풀이란 풀은 죄다 모여
떼거리 살림 차려서
고라니 멧돼지 두꺼비 살모사까지 키우는데
애벌레 벌 나비 진딧물이
바글바글, 바글바글, 바글,
과육마다 꽉 찬 신토불이 먹거리에
까치 딱새 직박구리 물까치 날개 달린 새들까지
모여드는 지상낙원을 폐농한 오라버니

뻥, 뻥, 축포처럼 터트리는 뻥튀기 몇 방이면
팔십 년 생애 그럭저럭 산다고
오일장 장날마다 뻥, 뻥 튀기는 오라버니

염천

뭉게구름 한 점 축축 늘어지는 불볕 하늘

폭염경보가 긴급재난문자로 뜨는데

삼복의 불기둥 온몸으로 받으며 가는 길

오르락내리락 질러가는 가파른 언덕길에서

막다른 골목 끝 허룩한 양철집 그늘을 향해

턱, 턱, 숨통을 조여 오는 현기증 견디며

허리 아파 사나흘 두문불출하셨다는 언니

막걸리 한 병이면 고질병도 낫는다고 하시는

그 혈연에 끌려가는 초복 날의 한증막

■□ 해설

한 생이 받아 적은,
간절한 응축의 무늬

정우영(시인)

1.

누군가의 오늘 하루는 단순한 일상이 아니다. 다 똑같이 하루를 살아내는 것 같지만 똑같은 날들이 어디에 있는가. 내가 살아가는 오늘은 날마다 피어나는 단 하나의 무늬이다. 이 무늬에 새겨지는 기억들은 그런 점에서 나만의 독자적인 역사라고 할 수 있다. 그와 같은 하루하루가 쌓여 인류사가 이루어진다. 문제는 기록이다. 기록하지 않으면 개인사는 한낱 먼지처럼 흩어지고 만다. '나'를, 나의 삶을 남겨두고 싶다면 어떤 형태로든 기록해 두어야 한다. 그런 점에서 나를 살게 하는 것은 현실이지만 나를 온전히 살게 하는 것은 기록이라고도 할 수 있을 것이다.

　이러한 기록 중에서 내가 가장 의미 있게 여기는 방식이 시의 창작이다. 나의 세계를 오롯이 그려가는 시라는 창작은 그야말로 특별한 상상력의 보고가 아닐 수 없다. 생활이라는 보편이 상상력을 입고 나만의 독자적인 무늬들을 아로새길 때 '나'는 역사 이전의 창조자가 된다. 그런 점에서 시를 창작하는 모든 사람들은 오늘의 삶을 남기는 중요한 기록자이자 상상력의 구현자라고 할 것이다.

　시에는 이와 같은 독특한 매혹이 스며 있어, 빼어난 작품에도 설레지만 얼마나 간절하게 자신만의 '나라는 정체성'을 기록하고 상상하는가 하는 점에도 떨리게 된다. 요즈음 내가 주로 눈 두는 쪽은 '나라는 정체성의 기록과 상상' 쪽이다. 특히, 한 생을 담아내는 작품들에는 어떤 경외감마저 실린다. 내가 허정분의 시에 주목하는 부분노 이 지점이다. 그와 그의 삶이 통찰하고 사유하는 작품들에는 뭉클한 감동이 처처에 깔려 있다. 한 생이 받아 적은, 절실한 응축과 교감이 아닐까 싶다.

　2.

　기록하는 자는, 스스로 글과 말을 지우는 순간까지 멈

추지 못한다. 이 욕구는 천형이다. 죽어가면서까지 구술하는 사람도 적지 않다. 이 경우, 나를 드러내어 남기고자 하는 이도 있겠지만, 어제와 오늘을 성찰함으로써 보다 나은 내일을 열고자 하는 이도 드물지 않다. 이들은 자신의 삶과 기록물을, 역사 앞에 헌신하는 일종의 경배행위로 인식하는 것이다.

나는 이번 허정분의 시집에서도 이와 같은 경건한 헌신을 발견한다. 의도적으로 연출하지는 않지만, 그의 시적 태도는 다소곳한 경청에 모아진다. 그래서일까. 그의 시는 솔직하다. 감추고 숨기는 게 거의 없다. 스스로 받아 적은 생활사의 세목들을 여과 없이 보여주는 것이다. 시의 문맥에서는 심지어 부끄러움조차 오롯하다.

하지만 이렇게 드러나는 게 그의 전부인 것처럼 받아들여서는 곤란하다. 그의 시에는 오랜 연륜이 깊이 있게 가라앉아 있다. 나는 이를 맑은 맛이라고 정리하고자 하는데, 이때의 맑음은 천연의 맑음과는 다르다. 여러 신난고초(辛難苦楚)가 섞이고 섞이다가 걸러져 고인 상태에서의 그 맑음이다. 이 점이 그의 시가 단순하게만 읽혀져서는 안 되는 이유이기도 하다. 허정분의 시를 제대로 느끼기 위해서는 작품의 배면까지 살펴야 한다. 시의 마음 거기에서 넌

지시 배어나올 터이니.

  맑은 맛을 느끼기에 맞춤인 작품이 시「꽃 피는 항아리」가 아닐까 싶다. 흔한 소재이고 익숙한 전개이지만 읽다 보면 왠지 맛이 다름을 감지하게 된다.

      석 달 열흘 볕 바라기한 항아리에서
      곰팡이 꽃이 피었다

      잎도 뿌리도 없이
      조선 토종 쓰디쓴 인내로 피워낸
      꽃이라고 부르기 민망한 꽃이 피었다

      못생긴 메주덩어리란 모욕을
      기어이 문드러진 속내로 드러내는
      검붉은 빛이 감도는 간장 항아리

      한 해 장이 달구나
      짜디짠 소금물을 달다고 한 어머니는
      어디서 애간장을 졸이고 계실까
      〈

> 흰 소금 꽃 거둬내고 가마솥 가득 불을 지핀다
>
> 온 집 안에 넘쳐나는 간장 냄새
>
> 항아리에 가두고 밀봉한다
>
> 간장과 된장의 염장은
>
> 이렇게 펄펄 끓인 사모의 힘이다
>
> —「꽃 피는 항아리」 전문

간장 달이는 현장에 있어 보았으면 알 것이다. 그 냄새가 얼마나 고약한지. 한데 어쩌랴. 그 고약한 냄새를 지나쳐야 맛있는 간장, 달디 단 간장이 완성된다. 이때 메주라는 콩덩어리를 변화시키는 게 곰팡이꽃이다. 이 "꽃이라고 부르기 민망한 꽃이 피"어야 메주는 비로소 된장, 간장으로 이어 나가는 첫 걸음을 떼는 것이다. 그야말로 꽃 아닌 꽃의 성스러운 역할이다. 고약한 냄새와 곰팡이꽃은 이런 측면에서 보면 관념의 역전이라 할 만하다. 혐오가 달가움으로 바뀌는 것이다.

주의할 점은 이게 자연의 오묘한 이치와 더불어 모성의 힘이 발현되는 과정이기도 하다는 점이다. 어머니에 대한 그리움으로 된장이 익고 간장이 달여지기도 하는 것이다.

이 '꽃 피는 항아리'는 그런 점에서 '발효'라는 자연의 신기한 변전과 '어머니의 지혜 전승'이라는 조화가 함께 섞이는 특별한 공간이다. 단순한 독항아리가 아닌 것이다. "한 해 장이 달구나" 하고 말씀해주시는 어머니가 들어 있는 공간이며, 가족 건강이 염원으로 들어찬 공간이기도 하다. 당연히 연륜에서 우러나오는 맛이 깊을 수밖에.

이에서 보듯 허정분의 시적 모체는 생활이다. 시인 자신의 삶과 일터, 시인을 둘러싼 자연이 그의 작품 속 주요배경을 이룬다. 그러니 그의 시 속에는 관념이 끼어들 여지가 거의 없다. 그의 작품 대다수의 소재는 생활 반경 안에서 나온다. 그중에서도 특히, 소도시 주변인의 정취가 도드라진다. 우리시대의 한 표상과도 같이 근대문명에 시달리는 촌락과 촌로의 절박한 현실이 뚜렷하게 박혀 있다.

때에 따라서는 상상력조차 미흡할 만큼 핍진한 현재가 등장하는데 그게 도리어 비현실처럼 여겨진다. 그 비현실 같은 실제를 시「오랑캐꽃」이 선명하게 그리고 있다.

  바람벽 묵은 거미줄에 걸린 햇살이
  빠져나가려고 안간힘이다
  〈

마루 끝에 마른 낙엽 한 장 팔랑거리며

적막을 거느린 찢어진 문풍지 사이

성긴 기억의 신음을 끌고 나온 할매

굽은 등에서 미동도 없는 봄볕이

그림자놀이를 하는 집

죽은 할아비 십여 년 머슴 새경으로

장만한 산비탈 가파른 땅 바라보며

짓무른 눈매를 훔치는 삼월 삼짇날

감자밭 매던 호미 던지고

봄바람 따라간 과부 며느리

종내 무소식이 희소식이라고

댓돌 아래 오랑캐꽃* 몇 포기 자글자글

햇볕에 끓고 있는 외딴집

* 제비꽃의 다른 이름

— 「오랑캐꽃」 전문

이 시의 적막은 오래전 풍경이 아니다. 지금 여기의 현실로, 오랑캐꽃과 제비꽃 사이에 걸쳐 있다. 이 적막은 어떻게 부르느냐에 따라 감정이 달라진다. 오랑캐꽃이라고 부르는 순간 처연함이 가라앉고, 제비꽃이라고 호명하는 순간 다사로움이 내려앉는다. 당신은 어느 쪽인가. 시인은 오랑캐꽃을 선택한다. 지금 여기의 녹록치 않은 현실은 그에게 제비라는 호감을 허락하지 않는다. 타지 사람에게는 제비꽃일지 몰라도 거주자에게는 오랑캐꽃이다. "바람벽 묵은 거미줄에 걸린 햇살이/ 빠져나가려고 안간힘"을 펼치는 집, "성긴 기억의 신음을 끌고 나온 할매/ 굽은 등에서 미동도 없는 봄볕이/ 그림자놀이를 하는 집"에는 아무래도 오랑캐꽃이 제 격이다. 어쩐지 그래야 "감자밭 매던 호미 던지고/ 봄바람 따라간 과부 며느리"의 "종내 무소식이 희소식"처럼 당도할 것만 같은 것이다. 쓸쓸하고 씁쓸한 풍경에는 살가움보다는 짠한 설움 같은 게 어울리지 않겠는가. 이것이 바로 액막이 정서이다. 더는 침탈하지 말라는 기원이 거기에는 담겨 있다. 그나마 지탱하고 있는 삶마저 무너질까봐 오랑캐꽃으로 침탈해올 오랑캐를 막는 것이다. 그러므로 오늘도 저 외딴집에서는 "댓돌 아래 오랑캐꽃 몇 포기"가 "자글자글 햇볕에 끓고 있는" 중이다.

   자본주의 탐욕이라는 오랑캐에는 견딜 재간이 없다. 다

음 시에서 보이듯, "견고한 붉은 벽돌로 쌓아 올려/ 장구
성세를 꿈꾸던" 집도 순식간에 사라진다.

> 견고한 붉은 벽돌로 쌓아 올려
>
> 장구성세를 꿈꾸던 그 집이
>
> 단 사흘 만에 눈앞에서 사라져
>
> 허허벌판이 된 집터를 보며
>
> 가만히 머리 숙여 속죄의 기도를 올리고 싶은 날
>
> 열다섯 해의 시련을 견디지 못하고
>
> 무지막지 덤벼든 포클레인에 허물려
>
> 어디론가 실려 간 지상에서 소멸된 집
>
> 대문 옆 소나무 두 그루 푸르고
>
> 철망 울타리에 화려한 장미넝쿨
>
> 붉은 대추가 조롱조롱 열리던
>
> 두 모자가 살던 집 흔적조차 사라지고
>
> 다주택 빌라 두 채가 햇볕을 차지하는
>
> 지금은 아무도 기억하지 못하는 집
>
> ―「집 한 채가 사라졌다」 전문

이처럼 현대사회에서의 개발 성장 욕구는 기가 세다. 도

무지 사그라들지 않는다. 한 평의 땅만 있어도 개발 논리가 고개를 쳐든다. 땅을 가꾸어 생명이 깃들게 하자는 소린 어디에서도 들리지 않는다. 땅의 입장에서 보면 천지가 죽임이다. 그런데 이 시는 거꾸로 사라진 집에 대해 쓰고 있다. 집에는 미안하지만 땅이 살아날 수 있다는 점에서 고마웠다. 땅 살림은 우리의 미래를 든든하게 하는 기초작업 아닌가. 사람살이에 관련 없는 집들은 일단 치우는 게 마땅하다.

한데 어쩌랴. 이 시의 초점은 땅이 아니라 집이었다. "견고한 붉은 벽돌로 쌓아 올려/ 장구성세를 꿈꾸던" 집이 "단 사흘 만에 눈앞에서 사라"진 게 허무하고 허전한 것이다. 그리하여 시인은 "허허벌판이 된 집터를 보며/ 가만히 머리 숙여 속죄의 기도를 올리고 싶"어한다. 집에 대한 속죄의 의미일 것이다. 그 집은 "무지막지 덤벼든 포클레인에 허물려/ 어디론가 실려 간 시상에서 소멸"되었기 때문이다. 그가 이렇게 집의 소멸에 대해 민감한 것은 그곳이 "두 모자가 살던 집"인 까닭이다. 늘 푸른 소나무와 장미넝쿨, 붉은 대추가 조롱조롱 열리던 집이 "흔적조차 사라지고" 없다는 사실에서 그는 자신의 죽음을 떠올렸을지도 모른다. 소멸에 가까운 나이라면 저 집은 감정이입된 자신일

수도 있다. 어찌 단순히 집 한 채가 사라진 것에 비길 것인가. 이제 그 자리에는 다른 "다주택 빌라 두 채가 햇볕을 차지하"고 있는데, "지금은 아무도 기억하지 못하는 집"이 되고 말았다는 사실에는 비애스러움마저 감돈다.

  물론, 이 작품에서 시인은 자본주의 개발 성장 욕구를 직접 드러내 보이지는 않는다. 땅 살림에 대한 언급도 없다. 하지만 오랫동안 살던 누군가의 집이 소멸하고 그 자리에 번듯한 두 채의 집이 들어서는 현실에 대해서는 안타까운 소회를 깔고 있다. 더욱이 그 집을 두르던 소나무와 장미넝쿨, 대추나무가 사라지고 건물 두 채가 그들 대신 햇볕을 차지하고 있음을 뚜렷이 밝힌다. 햇볕은 생명체의 식량 아닌가. 생명체를 없애고 건물이 그 식량을 앗아버린 형국이다. 생명체와 물체의 대비가 선명하다. 나는 이를 묵시의 자각, 혹은 무의식적 각성의 한 표출로 읽는다. 시인의 직관은 때로 논리를 뛰어넘어 본질을 현시하기도 하는데 이 대목이 그렇다. 탐욕이라는 오랑캐는 이처럼 무섭다는 전언이다.

  그렇다고 해서 모든 사람이 다 이런 물결에 휩쓸려 자초하는 것은 아니다. 도도한 흐름에 맞서 자신을 지키는 불굴의 전사 같은 생활인들이 있다. 시 「두꺼비 손」의 아낙이 그런 사람이다.

  그 아낙 연못의 푸른 물을 언제 떠나왔던가

  십여 년 만에 맞잡은 두 손
  퍼렇게 퉁퉁 붇은 두꺼비가죽에
  지문도 손톱도 닳고 닳은 관절마다
  풍진 세상 건너온 가계도가 엉겨 있네

  스무 해 전 그녀의 등허리 꼿꼿할 때
  구멍가게 평상 양파자루 속에서 서로 엉켜
  대가리 쳐들던 뱀, 뱀, 팽개친 채
  소주 두 병 들이켠 땅꾼 남정네 허리춤 부여잡고
  울머불며 끌고 가던 아낙네가

  일 년 사이 세 번의 죽을 고비를 넘겼다는
  남정네 모시며 트럭의 행상으로
  식당일로 고물상으로 돈 되는 궂은 일
  이어 온 극한직업의 현장에서도
  뱀에 물려 시력을 잃은 남편 이야기

산에 풀어 놓고 기르는 까막돼지 이야기로

이순(耳順)의 얼굴 겹겹 웃음꽃 피우는 아낙이

잘 키운 딸 하나 전국 체전의 검투사로 뽑혀 다니며

필라테스 체육관 차린 후 시집간다고

들고 온 청첩장 뒤뚱뒤뚱 팔자걸음 축축한 날

두껍아, 두껍아, 헌집 줄게 새집 다오

　　　　　　　　　－「두꺼비 손」 전문

 두꺼비 손은 흔히 남자 손을 말할 때 동원되는 비유이다. 두꺼비라는 형상을 떠올려보라. 여자 손과는 어울리지 않는다. 그런데도 시인은 그녀의 손에서 선뜻 두꺼비를 읽어낸다. 그만큼 그가 심한 세파의 곡절을 지나쳐 왔다는 뜻일 게다. 왜 아니겠는가. "십여 년 만에 맞잡은 두 손"에는 "퍼렇게 퉁퉁 붇은 두꺼비가죽에/ 지문도 손톱도 닳고 닳은 관절마다/ 풍진 세상 건너온 가계도가 엉겨 있"다. 삶이 이쯤 되면 대체로 사람들은 어긋나기 마련이다. 체념과 포기의 일상을 받아늘이는 것이다. 하지만 두꺼비 손, 이 여자는 다르다. "일 년 사이 세 번의 죽을 고비를 넘겼다는/ 남정네 모시며" 트럭 행상, 식당, 고물상 등 돈 되는 것이라면 궂은 일, 극한직업도 마다지 않았다. 그는 좌절하기는커녕 "뱀에 물려 시력을 잃은 남편 이야기/ 산에 풀어 놓고 기르는 까막돼지 이야기" 늘어놓으며 "이순耳順의 얼굴 겹겹 웃음꽃 피"워 올린다. 불굴의 아낙이자, 단단한 인간형이다. 아마도 "두껍아, 두껍아, 헌집 줄게 새집 다오" 하는 기원이 가장 어울리는 사람이 아닐까. 시인은 그래서 기꺼이 두꺼비를 불러내는 것이다.

    그런데 문제는 다시 현실이다. 시인의 바람대로 이 아낙처럼 현대인들이 굳세게 살아갈 수 있다면 더 바랄 나위 없겠으나 어렵없다. 이 아낙이 오히려 특수한 경우이며 대부분의 현대인들은 이 유혹의 물결에 기꺼이 몸을 맡긴다. 개발과 성장의 달콤함에 매료되는 것이다. 언젠가는 파국에 이를지언정 지금은 그저 세상 시키는 대로 따라가는 게 가장 편한 삶이라는 듯.

    그만큼 지금 여기의 현실은 헤쳐가기 쉽지 않다. 삶의 여기저기가 난관에 휩싸여 있으며 예기치 않은 곡절들이 막아선다. 이 같은 현실인식을 반영한 작품들이 「끝물」, 「다국적 코리안 드림」, 「길냥이 아나,」 등이다.

시어머니 모진 시집살이에 집 나와

시멘트 공장에서 일하다

시멘트 가루에 귓구멍 꽉 막혀

두 딸 남겨두고 구만리장천 길 떠난

두래울댁 명실엄마 얼굴도 떠올려보는

다 지나간 시들한 끝물

- 「끝물」 부분

베트남, 미얀마, 몽골, 태국, 캄보디아 등

모국의 국명國名을 이름으로 부르는

하루 몸값을 줄 물주며 교주를

곡진히 기다리는 기도문은

불교일까 힌두교일까 이슬람교일까

그도 아니면 코리안 드림을 꿈꾸는 이단아일까

- 「다국적 코리안 드림」 부분

피난길에 낙오된 새끼일까 비정한 어미가

버리고 간 새끼일까 "아나" 하고 부르는

내 손길로 겁도 없이 들어온 굶주린 어린놈을

집에 들이기엔 식구들 눈총이 버거워

　　　　사료 주고 우유 주고 창고 옆에 방석 하나 깔아주었다
　　　　　　　　　　　　　　　－「길냥이 아나」 부분

　대상을 완전히 장악했다고 볼 수는 없으나 시들의 문제의식은 분명하다. 어떻게 하면 "두래울댁 명실엄마"처럼 "시멘트 가루에 귓구멍 꽉 막혀/ 두 딸 남겨두고 구만리장천 길 떠"나지 않고 여기서 오손도손 살 수 있을까. 어찌해야 "베트남, 미얀마, 몽골, 태국, 캄보디아 등" 저 다국적 코리안들과 즐거이 소통하면서 오늘을 영위할 수 있을까. 길거리를 떠도는 저 고양이들과 같은 생명체들 보듬고 이 땅에서 살기 위해 우린 무엇을 해야 할까. 이렇게 수렴된다 할 것이다. 이를 정리하면 그의 문제의식은 우애 나누며 더불어 살자는 갸륵함의 발로에 모인다. 사정상 위의 세 편만 간단히 언급했으나, 나는 이 갸륵한 심성이 그의 시집을 관류하는 주요 정서이자 사유라고 믿는다.

　3.
　허정분 시인의 손을 맞잡아 본 적은 없지만, 그의 손은 따뜻하면서도 거치지 않을까 상상한다. 손 자체로는 펜보다 호미가 더 어울릴지도 모르겠다. 아마도 세월의 무게를 지탱하느라 어깨는 조금 내려앉았을 게고 등도 반듯하지만은 않을 것이다. 무릎은 삐걱거리고 숨은 가빠올 터이다. 그럼에도 그는 여전히 옹이진 손 바삐 놀려 대지와 호흡하고 있을 것이다. 나는 그의 이 바지런함을 신뢰한다. 일하면서 써가는 그의 시에 흔쾌히 마음 기울인다. 그의 시는 젊지 않으나 시적 활력은 넘친다. 일과 생활이 그의 시를 든든하게 받쳐주고 있기 때문이다. 시적 확장이 살짝 아쉬울 때가 있지만 나는 이쯤으로도 충분하다고 여긴다. 그의 시는 대체로 정갈한데 그러면 된 것 아닌가. 읽다 보면 물에 젖듯이 시의 그늘 은근히 드리워지는데.

  세월의 무게를 견디며 일과 시를 아우른다는 게 쉽지 않음에도 이렇듯 적어내심이 새삼 놀랍다. 앞으로도 찬찬히 연륜 깊은 생활의 무늬 새겨나가시길 바란다.